Claudia Skopal · Tina Nagel

Christkind, wo bist du?

CARLSEN

Heute ist der 1. Dezember. Lisa und Pauli schreiben
und zeichnen eine Wunschliste an das Christkind.
»Ich möchte einen kleinen Hund«, sagt Lisa.
»Und ich ein Feuerwehrauto!«, ruft Pauli.
»Ich will drei Puppen. Mit langen Haaren«, sagt seine Schwester.
»Ich auch«, sagt Pauli.
Lisa schüttelt den Kopf. »Das geht nicht. Das ist schon mein Wunsch.«
Die Mutter steckt den Kopf ins Zimmer. »Fertig?«, fragt sie.
Aber die Liste wird noch länger. Lisa möchte noch ein
Puppenhaus, ein Spielzeughandy, drei Bücher und
eine Gitarre. Pauli möchte einen Fußball,
einen Teddy und auch eine Gitarre.
»Immer macht er mir alles nach.« Lisa seufzt.
Jetzt rasch die Liste ins Fenster gelegt.
»Wann holt sie das
Christkind?«
»Heute Nacht«,
sagt Mama.

Die Kinder wollen wach
bleiben und das Christkind sehen.
Aber bald können sie die Augen
nicht mehr offen halten – und schon
sind sie eingeschlafen …

Am nächsten Morgen ist die Liste weg. Die Kinder schauen aus dem Fenster. Wo ist das Christkind? Ist es schon weggeflogen? Die Landschaft vor dem Fenster ist tief verschneit.

»Auf den Schlitten!«, ruft Lisa. »Juhuu!« Schnell ziehen sie ihre Jacken an. Mütze und Handschuhe nicht vergessen!

Dann sausen sie auf ihrem
Schlitten den Hügel hinunter.
Der Vater zieht sie wieder hinauf.
Hinunter, hinauf, hinunter, hinauf.
Plötzlich fällt Pauli von dem Schlitten
in einen großen Schneehaufen.

Er ist voller Schnee: Schnee auf der Mütze, Schnee im Gesicht, Schnee auf der Jacke. Er schaut so komisch aus, dass Lisa lachen muss.
»Ha, ha. Du siehst aus wie ein Schneemann! Schneemann, Schneemann!«
Pauli ärgert sich. Er formt einen Schneeball und schießt Lisa ab. Das kann sich Lisa nicht gefallen lassen! Gleich schießt sie einen Schneeball zurück, und schon sind sie mitten in der schönsten Schneeballschlacht!

Heute ist der 6. Dezember – da kommt der Nikolaus. Lisa und Pauli haben schon ein paarmal vor die Tür geschaut. Endlich läutet es und die Kinder machen auf. Da bleibt ihnen der Mund offen stehen. »Er ist so groß«, flüstert Pauli ehrfürchtig. Lisa nickt, ihre Knie zittern ein bisschen. Vor ihnen steht ein großer alter Mann. Er hat einen langen weißen Bart, in der Hand einen goldenen Stab und auf dem Kopf eine Bischofsmütze. Die Kinder reichen ihm gerade einmal bis zum Bauch.

»Ihr braucht keine Angst zu haben«, sagt der Nikolaus und drückt jedem von ihnen einen Beutel in die Hand.

»Seid ihr auch brav gewesen?«, fragt er.

»Immer«, sagt Lisa.

»Klar«, sagt Pauli.

»Gut, gut«, sagt der Nikolaus. »Ich muss noch zu den anderen Kindern. Also dann, macht's gut, Lisa und Pauli.«
»Der weiß unsere Namen!«, tuscheln die Kinder. Sie leeren ihre Beutel auf dem Tisch aus. Heraus fallen Äpfel, Mandarinen, Nüsse, ein Schokoladen-Nikolaus und ein Lebkuchenmann. Lecker!

Heute ist der zweite Adventssonntag.
Auf dem Adventskranz brennt die zweite Kerze.
»Was wollt ihr heute machen?«, fragen die Eltern.
»Wir wollen auf den Christkindlmarkt!«, rufen die Kinder einstimmig.
Was gibt es da nicht alles zu sehen! Viele kleine Holzhütten stehen in einem großen Kreis, und davor drängen sich die Leute. Bei einem Stand gibt es nur Christbaumkugeln. Große, kleine, bunt bemalt und mit Glitzer. In der nächsten Hütte entdecken die Kinder Spielzeug aus Holz: ein Pferd, ein Auto und eine Eisenbahn. »Kann ich die Eisenbahn haben?«, fragt Pauli. »Vielleicht bringt sie ja das Christkind«, meint der Papa. »Ich glaub, es hat dich jetzt gehört!«

»Wirklich?«, sagt Pauli und schaut sich um. Aber er kann das Christkind nicht entdecken. Lisa zieht es zum nächsten Stand mit den Lebkuchenherzen. Welches ist das schönste? Auf einem steht in schwungvollen Buchstaben: Schleckermäulchen. Lisa möchte es haben. Pauli bekommt auch ein Herz. Auf dem steht: Teufelchen. Er beißt gleich hinein. »Mhh, schmeckt das gut!« Dazu gibt es Kinderpunsch. Er ist heiß und süß und dampft in der Winterluft.

»Wie lange dauert es noch, bis das Christkind kommt?«, fragt Pauli.
»Noch sieben Mal schlafen. Höchste Zeit, endlich Kekse zu backen«, sagt Papa.
»Super«, sagt Lisa. Das wird ein Spaß! Sie streuen Mehl auf den Küchentisch und mischen es mit Wasser. Pauli holt die Butter. Platsch, liegt sie auf dem Küchenboden. »Oh nein, was nun?« Lisa hat die Eier aufgeschlagen. Das Eiklar tropft von ihren Fingern. Mama lacht. »Versuch doch ein bisschen was für den Teig aufzuheben!« Die Kinder sind über und über mit Mehl, Eiern und Teig bekleckert. »Schmeckt gut«, sagt Pauli und schleckt seine Finger ab.

Dann sticht Lisa einen Christbaum aus und Pauli einen Kometen mit langem Schweif. Das ist gar nicht so einfach. Schnell in den Ofen, und nach einer Viertelstunde sind die Kekse fertig. Was für ein herrlicher Duft!

»Eigentlich viel zu schade zum Aufheben«,
sagt Lisa und steckt einen Keks in den Mund.
»Stimmt«, sagen Papa, Mama und Pauli gleichzeitig.
So essen sie einen Keks nach dem anderen. Da müssen
sie wohl noch einmal welche backen …

Lisa und Pauli machen das achtzehnte Türchen auf. Heraus fallen Schokolade und Gummibärchen. Heute haben sie Lust auf Eislaufen. Auf dem Weg zum Eislaufplatz sehen sie einen Maronenstand. Neben dem Ofen steht ein Verkäufer und dreht gerade die Maronen um.

»Papa?«, bettelt Lisa. »Kann ich bitte Maronen haben?«

»Ich auch!«, schreit Pauli.

Der Vater lacht und kauft für jeden eine Tüte. Lisa sieht ungeduldig zu, wie der Verkäufer mit einer kleinen Schaufel die Maronen in die Tüte füllt.

»Ihr seht ja ziemlich hungrig aus«, lacht der Verkäufer und legt jedem eine extra Marone drauf. »Danke«, sagt Lisa und strahlt. »Für dich«, sagt sie und hält sie dem Papa hin.

Auf dem Eislaufplatz sind schon viele Leute. Lisa und Pauli ziehen ihre Schlittschuhe an. Vorsichtig setzt Lisa einen Fuß auf das Eis.
»Viel zu rutschig!«, ruft sie. Dann macht es plumps, und sie liegt auf dem Eis. Pauli lacht. Er hält sich vor lauter Lachen den Bauch. Plumps, und auch Pauli liegt auf dem Eis. Da müssen beide lachen. Lisa staunt, wie gut manche Leute eislaufen können. Einige von ihnen tanzen sogar. Lisa möchte das auch können.
Aus den Lautsprechern dröhnt Weihnachtsmusik.
Da nimmt der Vater die Kinder auf den Arm und dreht sich.
»Jetzt tanzen wir auch«, sagt er zufrieden.

Endlich ist Heiligabend. Aus dem letzten Türchen des Adventskalenders fallen eine Menge Süßigkeiten. »Mama, warum dürfen wir nicht ins Wohnzimmer?«, fragt Pauli. »Weil sonst das Christkind nicht kommt«, sagt Lisa. »Das ist schüchtern.« Um die Zeit zu vertreiben, erzählt die Oma, wie Weihnachten früher war. Als sie selbst noch ein Kind war. »Wir haben nicht so viele Geschenke wie ihr bekommen«, sagt sie. »Aber lustig hatten wir es auch.«

Lisa und Pauli können sich Oma als Kind nicht vorstellen.
Aufgeregt lauschen sie ihrer Geschichte.
Ab und zu schieben sie sich einen Keks in den Mund.
»Hast du schon einmal das Christkind gesehen?«, fragt Lisa.

»Aber natürlich«, sagt Oma.
Lisa und Pauli staunen.
»Es hat mir sogar zugewinkt.«
»Und was hast du gemacht?«,
fragt Lisa aufgeregt.
»Ich habe natürlich zurück-
gewunken«, sagt die Oma.
»Sonst wäre es beleidigt
gewesen.«

Plötzlich hören sie ein helles Klingeln. Schnell, schnell, das Christkind! Lisa und Pauli springen von ihren Sesseln und rennen, doch vor der Tür zum Wohnzimmer stoppen sie. Vorsichtig öffnen sie die Tür. Im Wohnzimmer ist es dunkel, doch in der Mitte steht ein hell erleuchteter Christbaum, auf dem die Kerzen brennen. Von den Zweigen hängen viele Kugeln und silberne Fäden. »Engelshaar«, flüstert Lisa.

Pauli hat am liebsten die funkelnden, knisternden Wunderkerzen. Dort hängt ein Engelchen, da ein kleines Schaukelpferd und unter dem Baum steht eine Krippe aus Holz. Der Baum duftet nach Kerzen und Wald. Die Kinder können einfach nur staunen. Da stimmen Mama, Papa und Oma ein Weihnachtslied an. »O Tannenbaum, o Tannenbaum, wie treu sind deine Blätter …«

Dann wird Licht gemacht. Jetzt sehen sie den Berg von bunten Päckchen, die unter dem Baum liegen. »Na los, auspacken«, ermuntert sie Papa. Aber mit welchem sollen sie anfangen?
Pauli stürzt sich als Erster auf den Päckchenberg. Er hat auf einem großen Paket seinen Namen entdeckt. »Das ist ja die Holzeisenbahn!«, ruft er. »Vom Christkindlmarkt! Da hat mich das Christkind doch gehört!«
Papa schmunzelt.
Lisa hat ein großes Geschenk entdeckt. Es ist fast so groß wie sie selbst. Vorsichtig packt sie es aus. Es ist ein Puppenhaus! In einem der Zimmer sitzen drei Puppen mit langen Haaren. Pauli hüpft um sie herum.
Er spielt auf seiner neuen Gitarre so furchtbar, dass sich alle die Ohren zuhalten müssen. »Wenn ich groß bin, werde ich ein Rockstar«, sagt er.

Auch die Eltern haben Geschenke bekommen. Die Leseratte Mama ist in ein Buch vertieft, neben ihr liegt schon ein ganzer Stapel ausgepackter Bücher. Papa probiert seine neuen Moonboots. »Für unsere Schlittenfahrten«, sagt er. Und die Oma strahlt übers ganze Gesicht, sie hat für ihre DVD-Sammlung die neusten Filme bekommen.

Lisa knurrt der Magen. »Hunger!«, ruft sie und kann sich doch kaum von den Geschenken trennen. Pauli nimmt seinen Teddy mit an den Tisch. Lisa setzt ihre drei Puppen rund um den Teller. Alle helfen mit, das Essen zu servieren. Auf einer Platte liegt ein großer knuspriger Fisch, dazu gibt es Gemüse, Reis und Pommes. Mama bringt noch verschiedene Salate und Gebäck, Papa den Käseteller für den Nachtisch. Der ganze Tisch ist voll mit Lieblingsspeisen der Kinder, heute ist wirklich ein Festtag! Lisa isst ein paar Bissen, dann sind wieder die Puppen dran. Sie kämmt ihnen die Haare und probiert verschiedene Frisuren aus. Pauli füttert seinen Teddy.

Da läutet es an der Tür. Wer kann das sein? Draußen steht Onkel Hans, der Nachbar, und wünscht der Familie ein frohes Fest. Als Papa hört, dass Onkel Hans diese Weihnachten ganz alleine ist, sagt er: »Komm rein, iss mit uns.« Die Einladung nimmt Onkel Hans gerne an. Pauli setzt ihm seinen Teddy auf den Schoß und Lisa zeigt ihm ihre Puppen.

Heute müssen die Kinder das Geschirr nicht wegräumen. Die Eltern stehen in der Küche und füllen den Geschirrspüler. Lisa hört sie klappern.
Die Kinder sitzen zwischen ihren neuen Sachen und sind schon schrecklich müde. Aber schlafen gehen wollen sie nicht. Lisa zwingt ihre Augen, offen zu bleiben, aber Paulis Augen fallen zu. Er rollte sich zwischen dem Spielzeug zusammen und Lisa deckt ihn mit Geschenkpapier zu. Schon ist er eingeschlafen.